WIELAND GIEBEL

1945 IN BERLIN

UNTERGANG | AUFBRUCH
DOWNFALL AND REVIVAL
LA CHUTE | LE RENOUVEAU
CADUTA E NUOVO INIZIO
CAÍDA | RESURGIMIENTO
ONDERGANG | OPLEVING

Das letzte Foto Hitler in den Trümmern der Reichskanzlei.

The last photograph Hitler in the ruins of the Reich Chancellery.

La dernière photo Hitler dans les ruines de la Chancellerie du Reich.

L'ultima foto Hitler fra le macerie della Cancelleria.

De laatste foto Hitler bij de puinhopen van de Rijkskanselarij.

La última foto Hitler en las ruinas de la Cancillería del Reich.

Bildnachweis: akg-images: S. 24m.; akg / Voller Ernst / Chaldej: 38u., 39; Archiv Giebel: S. 7o., 35or.; Archiv Verlag: S. 34o.; Bundesarchiv: Bild 183-J31387, o.Ang. S. 10o., Bild 183-J31342, Hoffmann S. 18o., Bild 183-N0301-323, Otto Donath S. 52u., Bild 183-J31411, o.Ang. S. 53, Bild 183-M1205-332, Otto Donath S. 64/65; bpk / Heinrich Hoffmann: S. 6m.; Deutsch-Russisches Museum, Berlin: - Fotokorrespondent Timofej Melnik Titelbild, S. 26/27, 28/29, 30/31, 38o., 42/43, 44/45, 46/47, 48/49, 55, - Fotokorrespondent Iwan Schagin S. 34u., 35u., 37, 54o., 54u.; Deutsches Historisches Museum, Berlin: S. 41; dpa / AP: S. 65or.; Getty Images: S. 70ol.; G. Gronefeld / Deutsches Historisches Museum, Berlin: S. 61; Imperial War Museum: S. 64o.; Interfoto / alba: S. 3; Interfoto / awkz: 35o.; Landesarchiv Berlin: S. 1, 8u., 11o., 12/13, 16/17, 20 (4), 21 (2), 24, 40u., 62o., 62m., 65ol. (Durnjoh), 74o. (Otto Martens), 75 (Friedrich Seidenstücker); NARA: S. 7ul., 7ur., 19, 52o., 71ol.; Time & Life Pictures / Getty Image: S. 68/69; US Air Force: S. 58 (3), 59ul., 59ur.; Wikimedia commons, Bundesarchiv / CC-BY-SA: - Bild 146-1971-033-33 S. 6o., - Bild 183-J31305 S. 6u., - Bild 183-J31393 S. 8o., - Bild 183-J31390 S. 9ol., - Bild 183-J31320 S. 9or., - Bild 183-R71640 S. 10u., - Bild 183-J31319 S. 11ul., - Bild 183-J31382 S. 11ur., - Bild 183-J31405 18u., - Bild 183-R77871 54m., - Bild 183-M1205-331 / Otto Donath S. 60m., - Bild 146-1977-124-30 S. 62u., - Bild 146-1974-152-14 S. 63ul., - Bild 183-J31349 S. 65m., - Bild 183-N1113-315 / Otto Donath S. 74m., - Bild 183-S74010 S. 74u.; Wikimedia commons, Deutsche Fotothek / CC-BY-SA S. 63ur., 70m., 71or.; Zentrales Streitkräftemuseum, Moskau: S. 40o.

IMPRESSUM

Giebel, Wieland:
1945 in Berlin – Untergang | Aufbruch
2. Auflage — Berlin: Berlin Story Verlag 2015
ISBN 978-3-95723-001-0

Leuschnerdamm 7, 10999 Berlin
Tel.: (030) 20 91 17 80
Fax: (030) 69 20 40 059
www.BerlinStory-Verlag.de
E-Mail: Service@BerlinStory-Verlag.de
Translation: Simon Hodgson
Traduction : Martine Friedmann
Traduzione: Gianluca Falanga
Traducción: Diana Carrizosa
Vertaling: Janneke Panders
Umschlag und Satz: Norman Bösch

WWW.BERLINSTORY-VERLAG.DE

Verbrannte Erde

Der von den Nationalsozialisten begonnene Krieg ist verloren. Hitler ordnet Mitte März 1945 im »Nerobefehl« die Zerstörung der gesamten deutschen Infrastruktur an – verbrannte Erde. Und er treibt rücksichtslos Kinder und alte Männer in den Tod.

Scorched earth

The war started by the National Socialists is lost. March 1945 Hitler orders the destruction of Germany's infrastructure – scorched earth. He sends children and old men to their deaths without regard.

La terre brûlée

La guerre engagée par les nationaux-socialistes est perdue. A la mi-mars 1945, Hitler ordonne la destruction de l'ensemble de l'infrastructure allemande en pratiquant la politique de la terre brûlée comme le fit jadis Néron. Et il envoie sans scrupules les enfants et les vieillards à la mort.

Terra bruciata

La guerra provocata dai nazisti è perduta. A metà marzo del 1945 Hitler ordina la distruzione completa di tutte le infrastrutture del paese ("Decreto Nerone"), per fare terra bruciata. Provocando, senza alcuno scrupolo, la morte di anziani e bambini.

Verbrande aarde

De oorlog, door de nazi's begonnen, is verloren. Hitler geeft maart 1945 zijn 'nerobevel': verwoesting van de Duitse infrastructuur, verbrande aarde. Gewetenloos drijft hij kinderen en oude mannen de dood in.

Tierra quemada

Los nacionalsocialistas han perdido la guerra que iniciaron. A mediados de marzo de 1945, Hitler ordena la destrucción de toda la infraestructura alemana. Es la "orden de Nerón". Y sin piedad envía a niños y ancianos a la muerte.

Anfang 1945 Hitler und Goebbels schicken 16-Jährige in den Krieg. Luftwaffenhelfer sind 14 Jahre alt, die jüngsten Ausgezeichneten 12. Vor den Augen der Rekruten (rechts) werden „Verräter" erschossen, um sie einzuschüchtern.

Early 1945 Hitler and Goebbels send 16 year olds to war. Luftwaffe personal are 14 years old, the youngest to be awarded is 12. 'Traitors' are shot in front of enlistees to intimidate them.

Début 1945 Hitler et Goebbels envoient des jeunes de 16 ans à la guerre. Les auxiliaires de la Luftwaffe ont 14 ans, les plus jeunes décorés en ont 12. On fusille les « traîtres » sous les yeux des recrues (à droite) pour les intimider.

Primi mesi del 1945 Hitler e Goebbels mandano al fronte i sedicenni. Gli ausiliari dell'antiaerea hanno 14 anni, i più giovani addirittura 12. "Traditori" vengono fucilati sotto gli occhi delle reclute (a destra) per intimorirli.

Begin 1945 Hitler en Goebbels sturen jongens van 16 de oorlog in. Helpers bij het luchtafweergeschut zijn 14, soms 12 jaar oud. Ter intimidatie worden voor de ogen van rekruten 'verraders' doodgeschoten (rechts).

Comienzos de 1945 Hitler y Goebbels envían a la guerra a niños de 16 años. Los ayudantes de la artillería antiaérea tienen 14 años; los condecorados más jóvenes, 12. Para intimidar a los reclutas (der.), fusilan a "traidores" frente a ellos.

Anfang 1945 Das letzte Aufgebot bilden Männer, die über 50 Jahre alt sind. Viele von ihnen waren schon im Ersten Weltkrieg. Sie werden an der Panzerfaust ausgebildet. Davon werden 1945 noch zwei Millionen produziert.

Early 1945 The last soldiers are men over the age of fifty. Many of them had fought in the First World War. They are taught how to use rocket powered grenades. Two million of them are produced in 1945.

Début 1945 Le dernier carré forme les hommes de plus de 50 ans. Nombreux d'entre eux avaient déjà fait la Première Guerre Mondiale. Ils apprennent à maîtriser le lance-roquette antichar. Deux millions seront encore fabriqués en 1945.

Primi mesi del 1945 L'ultima riserva sono uomini di oltre 50 anni. Molti di loro hanno già combattuto la Prima guerra mondiale. Li si addestra all'uso del lanciagranate anticarro. Nel 1945 se ne producono ancora 2 milioni.

Begin 1945 De laatste reserve zijn mannen boven de 50. Velen van hen waren al in de Eerste Wereldoorlog. Ze leren omgaan met de pantservuist. Hiervan werden er in 1945 nog twee miljoen stuks geproduceerd.

Comienzos de 1945 La última leva militar es de hombres mayores de 50. Muchos de ellos ya habían luchado en la Primera Guerra Mundial. Ahora son entrenados con lanzagranadas de los que, aún en 1945, se produjeron dos millones.

WEHRMACHT

Barrikaden und Panzergräben Die hungernden, ausgebombten, übermüdeten und verängstigten Menschen werden gezwungen, unsinnige Barrikaden und Gräben gegen den Panzerdurchbruch der Sowjetarmee anzulegen.

Barricades and anti-tank trenches People who have been bombed out of their homes and who are hungry, afraid and exhausted are forced to put up senseless barricades meant to stop Soviet tanks breaking through.

Barricades et fossés antichars Les affamés, les bombardés, les éreintés et les apeurés sont obligés de construire des barricades et des fossés inutiles pour arrêter les chars de l'armée soviétique.

Barricate e fossati I tedeschi, affamati, senza casa, distrutti e terrorizzati, sono costretti ad erigere barricate e a scavare fossati anticarro per fermare l'avanzata dell'Armata rossa.

Barricaden en tankgrachten De hongerende, uitgeputte, angstige, dakloze mensen worden gedwongen onzinnige barricaden en grachten te maken tegen het tankoffensief van het Russische leger.

Barricadas y trincheras antitanques Víctimas de los bombardeos, hambrientos, extenuados y atemorizados, los habitantes son obligados a construir barricadas y trincheras absurdas contra los tanques del ejército soviético.

Holz-Kohlen
PAUL TORGAU

Berliner

Straßenbahnwagen als Panzersperre, am „Knie" (heute Ernst-Reuter-Platz, Charlottenburg)

Tram used as an anti-tank barrier, at 'Knie' (today Ernst-Reuter-Platz, Charlottenburg)

Des wagons de tramway servant de barrage antichar à la place dit « Le genou » (aujourd'hui la Ernst-Reuter-Platz à Charlottenbourg)

Vagoni del tram utilizzati come sbarramenti anticarro a un incrocio (Enrst-Reuter-Platz, Charlottenburg)

Tramwagens als tankversperring, op de Knie (nu: Ernst-Reuter-Platz, Charlottenburg)

Vagón del tranvía como barrera antitanque en el cruce llamado Knie ("la rodilla", hoy Ernst-Reuter-Platz, Charlottenburg)

Berlin ist durch die mehr als 380 Bomberangriffe der westlichen Alliierten USA und Großbritannien zerstört, bevor die Rote Armee der Sowjetunion vom Osten her die Stadt Straße für Straße, Haus für Haus erobert.

Trümmer. Leichen. Zerstörung.

After more than 380 air raids from the allied US and Great Britain, Berlin is in ruins before the Soviet Red Army enters from the East and takes Berlin street for street, house for house.

Ruins. Bodies. Destruction.

Berlin est détruite par plus de 380 bombardements lancés par les alliés occidentaux, les USA et la Grande-Bretagne, avant que l'Armée Rouge de l'Union Soviétique, arrivant de l'Est, ne s'empare de la ville rue par rue et maison par maison.

Décombres. Cadavres. Destruction.

Berlino è devastata dagli oltre 380 bombardamenti a tappeto degli Alleati occidentali, americani e britannici, prima di essere presa strada per strada e casa per casa dall'Armata rossa sovietica.

Macerie, cadaveri, distruzione.

Berlijn ligt na ruim 380 bomaanvallen door de westerse geallieerden VS en Groot-Brittannië in puin, als het Rode Leger van de Sovjet-Unie vanuit het oosten de stad straat voor straat, huis voor huis verovert.

Puin. Lijken. Verwoesting.

Más de 380 bombardeos de EE.UU. y Gran Bretaña, Aliados occidentales, destruyeron Berlín antes de que el Ejército Rojo de la Unión Soviética llegara desde el este y tomara la ciudad, calle por calle, casa por casa.

Ruinas. Cadáveres. Destrucción.

Viktoria-Luise-Platz Ein Drittel der Wohnungen Berlins ist zerstört, besonders in der Mitte. Es gibt jedoch aufgrund der breiten Straßen keinen Feuersturm wie in Städten mittelalterlicher Bebauung mit viel Holz und engen Straßen.

Viktoria-Luise-Platz One third of Berlin's residential buildings are destroyed, particularly in the centre. However, the wide streets prevent firestorms from breaking out like those in medieval towns with a lot of wood and narrow streets.

La Viktoria-Luise-Platz Un tiers des logements de Berlin sont détruits, en particulier au centre de la ville. En raison des rues larges, il n'y a cependant pas de tour d'alerte-incendie comme dans les villes du Moyen-Âge aux nombreuses constructions en bois et aux rues étroites.

Viktoria-Luise-Platz Un terzo degli appartamenti di Berlino è distrutto, soprattutto nel quartiere del centro storico (Mitte). Per via degli ampi viali, però, non si verificano incendi di grandi dimensioni come in altre città di origine medievale, con stradine e tanto legno.

Viktoria-Luise-Platz Een derde van de huizen in Berlijn werd vernietigd, vooral in het centrum. Door de brede straten ontstaan er geen overslaande branden, zoals in een stad met middeleeuwse bebouwing met veel hout en steegjes.

Viktoria-Luise-Platz Una tercera parte de las viviendas de Berlín está destruida, sobre todo en el centro. Sin embargo, por la amplitud de las calles, no hay tormentas ígneas como en las ciudades de tipo medieval, con mucha madera y calles estrechas.

Bombeneinschläge in U-Bahnschächten legen den Verkehr lahm. Die Tunnel werden als Schutzraum und Fluchtweg genutzt. Die Charlottenstraße in Mitte (rechts) mit dem Gendarmenmarkt oben links ist von Schutt frei gemacht.

The impact of the bombs on the metro system cripples the transport system. The tunnels are used as shelters and escape routes. Charlottenstraße in Mitte (right) and Gendarmenmarkt (top left) are cleared of debris.

La puissance des bombes a détruit les voies souterraines du métro et la circulation s'en trouve paralysée. Les tunnels servent d'abris et de chemins de fuite. La Charlottenstraße dans l'arrondissement de Mitte (à droite) avec le Gendarmenmarkt en haut à gauche est libérée de ses gravats.

Esplosioni nei tunnel della metropolitana bloccano il traffico. I tunnel sono usati come rifugi e vie di fuga. Charlottenstraße a Mitte (a destra) con la piazza Gendarmenmarkt in alto a sinistra viene liberata dalle macerie.

Bomaanvallen op metrolijnen leggen het verkeer stil De tunnels worden gebruikt als schuilkelder en vluchtweg. In de Charlottenstraße (rechts) en de Gendarmenmarkt (links boven) in het centrum is het puin geruimd.

Impactos de bombas en el metro paralizan el tráfico. Los túneles se aprovechan como refugio y vía de evacuación. Se han retirado los escombros de Charlottenstraße en Mitte (der.) y de Gendarmenmarkt (izq., arriba).

Schlacht um Berlin Es sterben vom 16. April bis zum 2. Mai 1945 in der letzten Schlacht mehr als 200 000 Menschen – Soldaten und Zivilisten. Die sowjetische Rote Armee erobert jeden Meter unter schwersten Verlusten.

Battle of Berlin Between 16th April and 2nd May 1945 more than 200,000 people die in the final battle – soldiers and civilians. With each meter the Soviet Red Army conquers come great losses.

La bataille de Berlin Entre le 16 avril et le 2 mai 1945, plus de 200000 personnes, soldats et civils, meurent dans la dernière bataille. L'Armée Rouge Soviétique fait la conquête de chaque mètre de terrain au prix de grosses pertes.

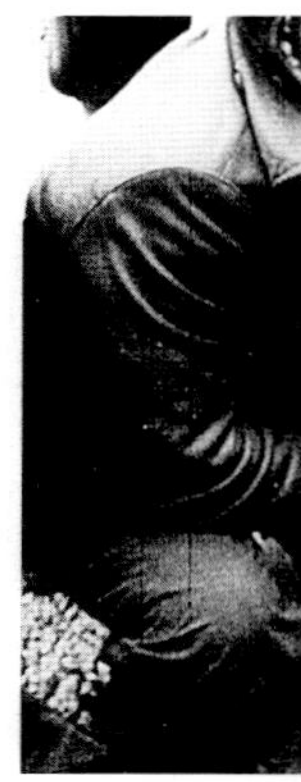

La battaglia di Berlino Fra il 16 aprile e il 2 maggio muoiono nella battaglia finale più di 200.000 persone, soldati e civili. All'Armata rossa sovietica ogni singolo metro d'avanzata costa ingenti perdite.

Slag om Berlijn Van 16 april tot 2 mei 1945 sterven in de laatste slag meer dan 200 000 mensen – soldaten en burgers. Het Russische Rode Leger verovert elke meter ten koste van grote verliezen.

Batalla por Berlín Del 16 de abril al 2 de mayo de 1945 mueren en la última batalla 200 000 personas entre soldados y civiles. El Ejército Rojo conquista cada metro sufriendo graves pérdidas.

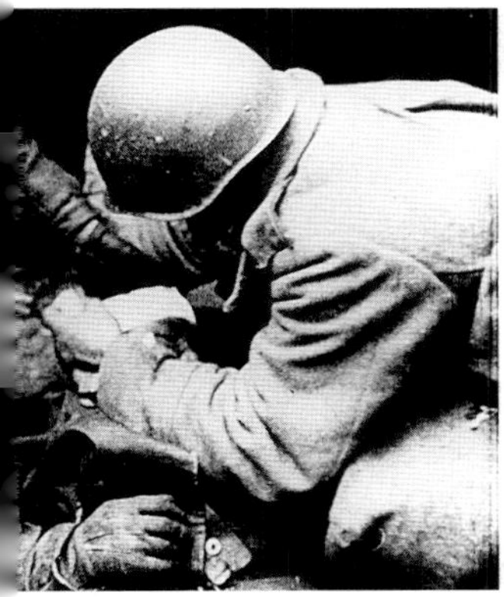

Straßenkämpfe

Street fighting

Combats de rue

Battaglia casa per casa

Straatgevechten

Enfrentamientos en las calles

U-Bahnhof Oranienburger Tor, Friedrichstraße, am 2. Mai 1945. Am Nachmittag ergeben sich die letzten deutschen Soldaten. Berlin ist frei. Die Menschen empfinden es nicht so. Der Panzer (Mitte) bot der Frau keinen Schutz.

Metrostation Oranienburger Tor, Friedrichstraße 2nd May 1945. The last German soldiers surrender mid afternoon. Berlin is free. The people perceive it differently. The tank (centre) did not protect the woman.

La station de métro Oranienburger Tor et la Friedrichstraße le 2 mai 1945. Les derniers soldats allemands se rendent dans l'après-midi. Berlin est libre. Les gens ne le ressentent pas comme tel. Le char n'a pas servi d'abri à cette femme (photo au centre).

Fermata della metro Oranienburger Tor in Friedrichstraße. Il pomeriggio del 2 maggio 1945 si arrendono gli ultimi soldati tedeschi. Berlino è libera, ma gli abitanti non la vedono così. Il blindato (al centro) non è riuscito a proteggere la donna.

Metrostation Oranienburger Tor, Friedrichstraße, op 2 mei 1945: 's middags geven de laatste Duitse soldaten zich over. Berlijn is vrij. De mensen voelen dat niet zo. De tank beschermde de vrouw niet (midden).

Estación de metro Oranienburger Tor, Friedrichstraße, el 2 de mayo de 1945. Por la tarde se rinden los últimos soldados alemanes. Berlín es libre, pero las personas no lo sienten así. El tanque no consiguió salvar a la mujer (centro).

Der Untergang

Das Ende. Hitler und Eva Braun nehmen sich im Führerbunker das Leben. Die Berliner wissen, welche Gräueltaten die Deutschen im Osten begangen haben. Sie fürchten Rache. Alles scheint aussichtslos.

The downfall

The end. Hitler and Eva Braun take their own lives. Berliners know what atrocities the Germans have committed in the East. They fear revenge. Everything seems hopeless.

La chute

La fin. Hitler et Eva Braun mettent fin à leurs jours dans le bunker du Führer. Les Berlinois savent les cruautés que les Allemands ont commises dans les régions de l'Est. Ils ont peur de la vengeance. Tout semble sans issue.

La caduta

È finita. Hitler si toglie la vita insieme ad Eva Braun nel suo bunker. I berlinesi sanno quali crimini hanno commesso i tedeschi sul fronte orientale e temono la vendetta. Sembra la fine del mondo.

De ondergang

Het einde. In zijn bunker plegen Hitler en Eva Braun zelfmoord. De Berlijners weten welke gruweldaden de Duitsers in het oosten hebben gepleegd. Ze vrezen wraak. Alles lijkt uitzichtloos.

La caída

El fin. Hitler y Eva Braun se suicidan en el Führerbunker. Los berlineses saben de las atrocidades cometidas por los alemanes en el este y temen la venganza. No parece haber ninguna salida.

30. April 1945 Hitler ist tot, seine Leiche wird vor dem Bunker angezündet. Propagandaminister Joseph Goebbels und seine Frau Magda bringen ihre sechs Kinder im Führerbunker um, dann sich selbst (rechts). Sowjetische Soldaten kommen.

30th April 1945 Hitler is dead, his body is burned in front of the bunker. Propaganda minister, Joseph Goebbels and his wife kill their six children, then themselves. Soviet Soldiers come.

Le 30 avril 1945 Hitler est mort, son cadavre est brûlé devant le Bunker. Joseph Goebbels, ministre de la propagande et sa femme Magda assassinent leurs six enfants dans le bunker du Führer avant de se donner eux-mêmes la mort (à droite). Les soldats Soviétiques arrivent sur les lieux.

30 aprile 1945 Hitler è morto, il suo cadavere è bruciato nel cortile della Cancelleria. Nel bunker il ministro della Propaganda Joseph Goebbels e sua moglie Magda uccidono sei figli, prima di togliersi la vita (a destra). Soldati sovietici fanno un'ispezione.

30 april 1945 Hitler is dood, zijn lijk wordt voor zijn bunker in brand gestoken. Propagandaminister Goebbels en zijn vrouw Magda doden hun zes kinderen, daarna zichzelf (rechts). Russische soldaten komen.

30 de abril de 1945 Hitler está muerto, queman su cuerpo frente al búnker. El ministro de propaganda Joseph Goebbels y su esposa Magda matan a sus seis hijos en el Führerbunker, luego se suicidan (der.). Llegan los soldados soviéticos.

PARIS EDITION

EXTRA THE STARS AND STRIPES EXTRA

Vol. 1—No. 279 · 1 Fr. · 1 Fr. · Wednesday, May 2, 1945

German Radio Reports:

HITLER DEAD

The German radio announced last night that Adolf Hitler had died yesterday afternoon, and that Adm. Doenitz, former commander-in-chief of the German Navy, had succeeded him as ruler of the Reich.

Doenitz, speaking later over the German radio, Reuter said, declared that "Hitler has fallen at his command post."

"My first task," Doenitz said, "is to save the German people from destruction by Bolshevism. If only for this task, the struggle will continue."

The announcement preceding the proclamation by Doenitz said: "It is reported from the Fuehrer's headquarters that our Fuehrer, Adolf Hitler, has fallen this afternoon at his command post in the Reich Chancellery, fighting to the last breath against Bolshevism and for his country. On April 30, the Fuehrer appointed Grand Adm. Doenitz as his successor. The new Fuehrer will speak to the German people."

The talk by Doenitz then followed, Reuter said. Doenitz said: "German men and women, soldiers of the German Wehrmacht, our Fuehrer, Adolf Hitler, has fallen. German people are in deepest mourning and veneration."

"Adolf Hitler recognized beforehand the terrible danger of Bolshevism," Doenitz said, "and devoted his life to fighting it. At the end of this, his battle, and of his unswerving straight path of life, stands his death as a hero in the capital of the Reich.

"All his life meant service to the German people. His battle against the Bolshevik flood benefited not only Europe but the whole world. The Fuehrer has

(Continued on Page 8)

Churchill Hints Peace Is at Hand

Pope Prepares Speech

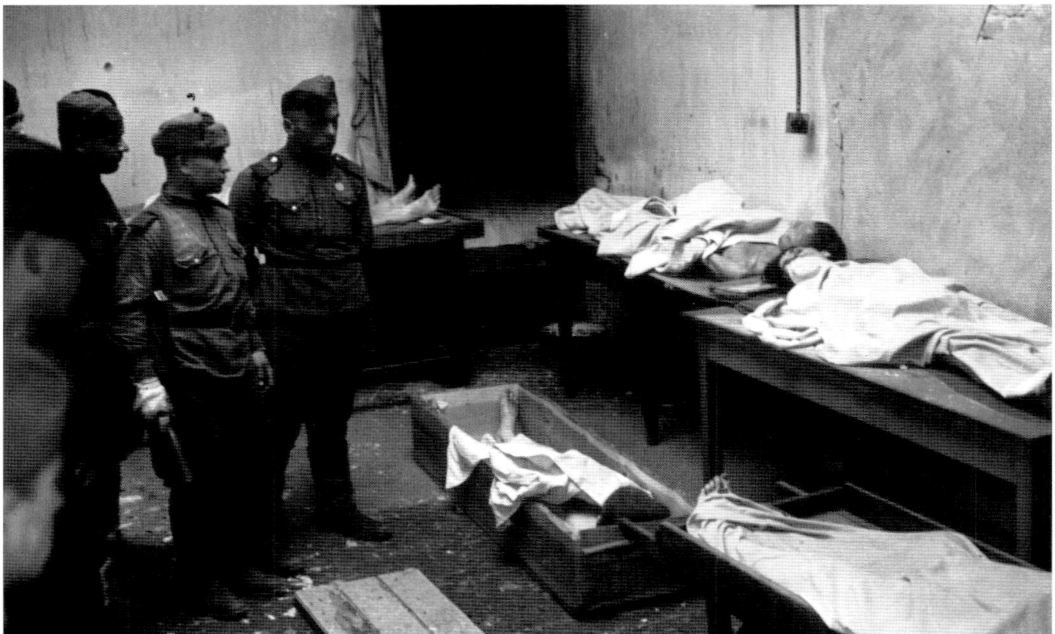

Sieg. Ende. Das Reichstagsgebäude wird von SS-Männern bis zum 30. April 1945 gehalten. Am 2. Mai nimmt Jewgeni Chaldej das berühmte Foto auf (rechts). Viele Nazi-Familien bringen sich um (das Foto unten stammt aus Wien).

Victory. End. The Reichstag is held by the SS until 30th April 1945. Jewgeni Chaldej takes his famous photograph (right) on 2nd May. Many Nazi families kill themselves (the photograph below is from Vienna).

La victoire. La fin. Les SS tiennent bon dans le bâtiment du Reichstag jusqu'au 30 avril 1945. Le 2 mai, Jewgeni Chaldej prend la célèbre photo (à droite). De nombreuses familles nazies se suicident (la photo du bas provient de Vienne).

Trionfo finale Nel Reichstag le SS resistono fino al 30 aprile 1945. Il 2 maggio Jewgeni Chaldej scatta la storica foto (a destra). Molte famiglie naziste si suicidano (la foto in basso fu scattata a Vienna).

Overwinning. Einde. Het Rijksdaggebouw blijft tot 30 april 1945 in handen van SS'ers. Op 2 mei 1945 maakt Jevgeni Chaldej zijn beroemde foto (rechts). Veel nazi's plegen zelfmoord (de foto onder stamt uit Wenen).

Victoria. Fin. El Reichstag es defendido por hombres de la SS hasta el 30 de abril de 1945. La foto legendaria fue hecha por Jewgeni Chaldej el 2 de mayo (der.). Muchas familias nazis se suicidaron (la foto inferior es de Viena).

Zusammenbruch Ein düsteres Schicksal erwartet die Wehrmachtsoldaten, die sowjetische Gefangenschaft, Sibirien. Nicht viele Kindersoldaten kommen nach wenigen Wochen Krieg als Gefangene zurück. Die meisten sind gefallen.

Collapse A gloomy fate awaits the Wehrmacht soldiers, Soviet prison, Siberia. Not many of the child soldiers come back from a few weeks at war as prisoners. Most have been killed.

L'effondrement Un sombre destin attend les soldats de la Wehrmacht dans les prisons soviétiques, en Sibérie. Peu nombreux sont les enfants soldats qui rentrent de captivité après quelques semaines de guerre. La plupart d'entre eux sont tombés.

Il collasso Un cupo destino attende i soldati della Wehrmacht: la prigionia in Siberia. Numerosi soldati-bambino vengono fatti prigionieri dopo poche settimane di guerra, la maggior parte di loro però è caduta in battaglia.

Ineenstorting Een onheilspellend lot wacht de soldaten van de weermacht: Russische gevangenschap, Siberië. Maar weinige kindersoldaten keren na een paar weken oorlog als gevangenen terug.

Derrota Un oscuro destino espera a los soldados de la Wehrmacht: la prisión en la Unión Soviética, Siberia. La mayoría de niños soldados cayó en combate. No muchos vuelven como prisioneros después de pocas semanas de guerra.

Sowjetische Panzer zwischen Brandenburger Tor und Potsdamer Platz (heute steht hier das Holocaust-Mahnmal)

Soviet tanks between the Brandenburg Gate and Potsdamer Platz (the Holocaust-Memorial is here today)

Les chars soviétiques entre la Porte de Brandebourg et la Potsdamer Platz (Le Mémorial de l'Holocauste se trouve aujourd'hui à cet endroit).

Panzer sovietici sfilano fra la Porta di Brandeburgo e Potsdamer Platz (oggi il sito del Memoriale dell'Olocausto)

Russische tanks tussen Brandenburger Tor en Potsdamer Platz (nu staat hier het Holocaust monument)

Tanques soviéticos entre la Puerta de Brandeburgo y Pariser Platz (hoy está ahí el Monumento del Holocausto).

Berlin-Mitte, 30. April 1945

Berlin-Mitte, 30th April 1945

Berlin-Mitte, le 30 avril 1945

Berlino-Mitte, 30 aprile 1945

Berlijn-Mitte, 30 april 1945

Berlin-Mitte, 30 de abril de 1945

Stunde Null

Es geht jetzt nur ums Überleben – wenn ein Leiterwagen mit kümmerlichen Habseligkeiten alles ist, der Bombenkrater zum Schutzort wird, Fett die begehrte Schwarzmarktwährung ist. Vor dem Nichts fällt es schwer, Selbstachtung zu wahren.

Hour zero

Survival is all that matters now – when your worldly goods do not fill a cart, a bomb crater becomes a shelter and lard is the currency of the black market. It is difficult to maintain self esteem in such a desperate situation.

L'heure zéro

Il n'est plus question maintenant que de survie lorsqu'une charrette à ridelles chargée de misérables biens est tout ce qu'on a, lorsque le cratère de bombes devient un abri ou la graisse est une monnaie convoitée au marché noir. Face au néant, il est difficile de conserver sa dignité.

Ora zero

Adesso conta solo sopravvivere: c'è chi tutto quello che possiede è un carretto con poche cianfrusaglie, chi cerca riparo nel cratere di una bomba, il grasso è un'ambita merce di scambio. Davanti al nulla è difficile conservare la propria dignità.

Het uur nul

Het gaat om het overleven – alleen een handkar met schamel bezit is gebleven, een bomkrater dient als schuilplek en vet als begeerd ruilmiddel. Tegenover het niets is het moeilijk je zelfachting te bewaren.

Hora cero

Ahora solo se trata de sobrevivir: un carro con trastos miserables lo es todo, el cráter dejado por una bomba se usa como refugio, la moneda más codiciada en el mercado negro es la grasa. Ante la nada resulta difícil conservar la dignidad.

Generalfeldmarschall Wilhelm Keitel unterzeichnet in Karlshorst die bedingungslose Kapitulation – mit Degen, Marschallstab und hellen Handschuhen. Aus dem Bunker der Reichsbank kommen die Menschen in die Sonne.

Field marshal, Wilhelm Keitel signs the unconditional surrender in Karlshorst – with his sheathe, military baton and gloves. People exit the bunker in the Reichsbank and see sunlight.

Le Maréchal Wilhelm Keitel signe à Karlshorst une capitulation sans condition, à ses côtés son épée, son bâton de Maréchal et ses gants de couleur claire. En sortant du bunker de la Reichsbank, les gens revoient la lumière du jour.

Il generale Wilhelm Keitel firma a Karlshorst la resa incondizionata, con tanto di spada, bastone da feldmaresciallo e guanti bianchi. I sopravvissuti escono al sole dal bunker della Banca del Reich.

Veldmaarschalk Wilhelm Keitel ondertekent in Karlshorst de onvoorwaardelijke capitulatie – met degen, maarschalkstaf en lichtgekleurde handschoenen. Vanuit de bunker van de rijksbank lopen de mensen de zon in.

El **mariscal de campo** Wilhelm Keitel firma en Karlshorst la capitulación incondicional, con espada, bastón de mando y guantes claros. Las personas ocultas en el búnker del Reichsbank salen a la luz sol.

Wittler Brot

Unerträglicher Hunger Pferdekadaver werden zerlegt auch zwischen Warschauer Brücke und Oberbaumbrücke (rechts). Die Hungerjahre und Obdachlosigkeit kosten in Europa weitere zwei Millionen Menschen das Leben.

Unbearable hunger Horse carcasses are carved between the Warschauer bridge and the Oberbaum bridge (right). The years of hunger and unemployment cost a further two million people their lives.

La faim insupportable Les cadavres de chevaux sont même dépecés entre les ponts du Warschauer Brücke et du Oberbaumbrücke (à droite). Les années de la faim et du sans-abrisme coûtent à l'Europe deux millions de vies humaines en plus.

La fame è insopportabile Fra Warschauer Brücke e Oberbaumbrücke si macellano i cadaveri dei cavalli (a destra). Fame e penuria di case mietono in Europa altri 2 milioni di vittime.

Ondraaglijke honger Paardenkadavers worden in stukken gesneden, ook tussen de Warschauer Brug en Oberbaumbrug (rechts). De hongerjaren en dakloosheid kosten in Europa nog eens twee miljoen mensen het leven.

Hambre insoportable También entre Warschauer Brücke y Oberbaumbrücke (der.) se descuartizan caballos muertos. Los años de hambruna y de falta de vivienda les cuesta la vida a otros dos millones de personas en Europa.

Tiergarten, Blick auf das Brandenburger Tor und den Reichstag (links)

Tiergarten, view towards the Brandenburg Gate and the Reichstag (left)

Le Tiergarten, vue sur la Porte de Brandebourg et le Reichstag (à gauche)

Tiergarten L'area fra la Porta di Brandeburgo e il Reichstag (a sinistra)

Tiergarten, met zicht op de Brandenburger Tor en de Rijksdag (links)

Tiergarten, vista a la Puerta de Brandeburgo y el Reichstag (izq.)

Zerstört Potsdamer Bahnhof (1), Außenministerium (2), Reichskanzlei (3) und Propagandaministerium (4) sind ebenso zerstört wie der Anhalter Bahnhof (5, 6). Im Bunker (großes Bild unten links) waren bis zu 12 000 Menschen.

Destroyed Postdamer Station (1), foreign ministry (2), Reich Chancellery (3) and the propaganda ministry (4) are destroyed just as Anhalter Station is (5, 6). There were up to 12,000 people in the bunker (large picture bottom left).

Détruits La Gare de Potsdam (1), le Ministère des Affaires étrangères (2), la Chancellerie du Reich (3) et le Ministère de la Propagande (4) sont autant détruits que la gare d'Anhalter Bahnhof (5, 6). Jusqu'à 12 000 personnes pouvaient se réfugier dans le bunker (grande photo en bas à gauche).

Distruzione La Potsdamer Bahnhof (1), il Ministero degli Esteri (2), la Cancelleria (3) e il Ministero della Propaganda (4) sono distrutte come la stazione ferroviaria di Anhalter Bahnhof (5,6). Nel bunker della stazione (foto grande in basso a sinistra) trovavano rifugio fino a 12.000 persone.

Verwoest Potsdamer Bahnhof (1), ministerie van Buitenlandse Zaken (2) en van Propaganda (4), Rijkskanselarij (3), Anhalter Bahnhof (5, 6) in puin. In de bunker (grote foto beneden links) zaten tot 12 000 mensen.

Destruidos: Potsdamer Bahnhof (1), Ministerio del Exterior (2), Cancillería del Reich (3), Ministerio de Propaganda (4), Anhalter Bahnhof (5, 6). El búnker (imagen grande; izq., abajo) albergó hasta 12 000 personas.

1

2

3

5

4

Fassaden bleiben stehen, wenn die Sprengbomben nicht direkt treffen. Nur wenige Gebäude sind Unter den Linden Ecke Friedrichstraße erhalten. Es ist eisig. Nichts zu essen. Zwangsverpflichtete enttrümmern den Reichstag.

If the bombs do not make a direct hit, the **facades** of the buildings remain standing. Only a handful of buildings along Unter den Linden and Friedrichstraße remain. It is cold. Nothing to eat. People are forced to clear rubble at the Reichstag.

Les façades restent debout lorsque les bombes explosives n'atteignent pas directement leur but. Quelques bâtiments se dressent encore sur l'allée Unter den Linden au coin de la Friedrichstraße. Il fait un froid glacial. Il n'y a rien à manger. Des enrôlés de force déblayent les décombres du Reichstag.

Facciate fatiscenti, restano in piedi quando non sono centrate in pieno dalle bombe. A Unter den Linden angolo Friedrichstraße restano in piedi pochi edifici. Fa freddo e non c'è abbastanza da mangiare. Civili sono costretti a liberare il Reichstag dalle macerie.

Façaden blijven overeind als een springbom niet direct treft. Maar weinig gebouwen aan Unter den Linden/hoek Friedrichstraße bleven bewaard. Het is ijskoud. Niets te eten. Dwangarbeiders ruimen de Rijksdag.

Las **fachadas** siguen en pie si las bombas no han caído directamente sobre ellas. Quedaron muy pocos edificios en la esquina de Unter den Linden y Friedrichstr. Hace un frío glacial. Nada que comer. Algunos son obligados a retirar escombros del Reichstag.

DEM EUTSCHEN VOLKE

Flüchtlinge Sie kommen aus den Ostgebieten, damals deutsch, heute Polen, Russland. Flüchtlinge dürfen nur kurz in Berlin bleiben und müssen aus der überfüllten Stadt weiterziehen. Pause in einem Bombenkrater (unten Mitte).

Refugees They come from the East, then Germany, today Poland, Russia. Refugees are not allowed to stay in Berlin for long and have to then leave the overpopulated city. Break in a bomb crater (below centre).

Les réfugiés Ils viennent des régions de l'Est, autrefois allemandes, situées aujourd'hui en Pologne ou en Russie. Les réfugiés ne sont autorisés à rester que brièvement à Berlin et doivent quitter à nouveau la ville surpeuplée. La pause dans un cratère de bombe (en bas au centre).

I profughi Sopraggiungono dalle regione dell'est, all'epoca tedesche, oggi parte della Polonia e della Russia. I profughi possono solo transitare da Berlino, la città è sovraffollata. Una sosta nel cratere di una bomba (in basso al centro).

Vluchtelingen Ze komen uit het oosten, voorheen Duits gebied, nu Polen, Rusland. Vluchtelingen mogen even in Berlijn blijven en moeten dan weg uit de afgeladen stad. Pauze in een bomkrater (midden onder).

Fugitivos Vienen del este, de Polonia, de Rusia, antes territorios alemanes. Solo pueden permanecer brevemente en Berlín. Tienen que seguir, pues hay demasiada gente en la ciudad. Una pausa en el cráter dejado por una bomba (centro, abajo).

на ФРАНКФУРТ
АЭРОПОРТ
ИОГАННИСТАМ
(АДЛЕРСХОФ)

Schwarzmarkt Wäsche waschen an Pumpen (1). Schwarzmarkt am Schlesischen Tor (2), im Tiergarten (3), am Potsdamer Platz (4). Erst im Juli 1945 kommen die Amerikaner nach West-Berlin und verteilen Lebensmittel (5).

Black market Washing laundry at pumps (1). Black market at Schlesisches Tor (2), in Tiergarten, on Potsdamer Platz (4). Americans do not come to West-Berlin with food supplies until July 1945.

Le marché noir Le lavage du linge à la pompe à eau (1). Le marché noir à la Schlesisches Tor (2), dans le Tiergarten (3) et sur la Potsdamer Platz (4). Ce n'est qu'en juillet 1945 que les Américains viennent à Berlin-Ouest et distribuent des denrées alimentaires (5).

Il mercato nero Lavare i panni alla fontana pubblica (1), mercato nero a Schlesisches Tor (2), al Tiergarten (3), a Potsdamer Platz (4). Gli americani, arrivati a Berlino ovest solo nel luglio 1945, distribuiscono viveri.

Zwarte markt De was doen bij de pomp (1). Zwarte markt bij de Schlesischer Tor, (2), in Tiergarten (3), op Potsdamer Platz (4). Pas in juli 1945 komen de Amerikanen in West-Berlijn en verdelen levensmiddelen (5).

Mercado negro Lavando ropa en las bombas de agua (1). Mercado negro en Schlesisches Tor (2), Tiergarten (3), Potsdamer Platz (4). Los norteamericanos no llegan a Berlín Oeste hasta julio de 1945 y reparten alimentos (5).

1

2

3

5

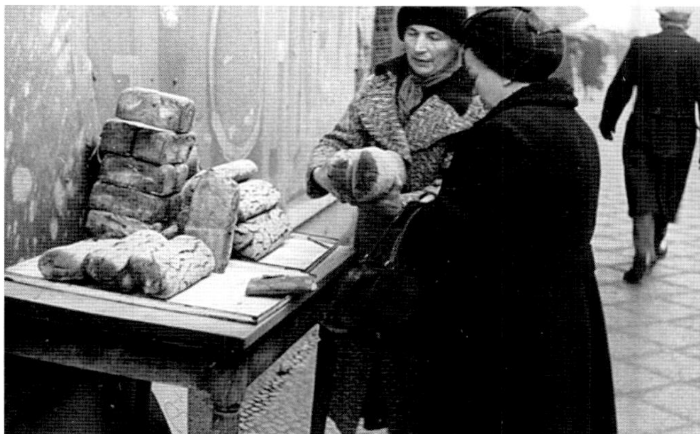

Trümmerfrauen

Nur Frauen und Kinder scheinen in Berlin zu sein – keine Männer. Frauen bringen in Ordnung, was Männer zerstört haben. Witwen mit zwei oder drei Kindern sind dabei. Es gibt in Deutschland sieben Millionen mehr Frauen als Männer.

Rubble women

It seems as though there are only women and children in Berlin – no men. Women repair what men broke. Amongst them are widows with two or three children. There are seven million more women than men in Germany.

Les « femmes des décombres »

Berlin semble ne compter plus que des femmes et des enfants, pas d'hommes. Les femmes réparent ce que les hommes ont détruit. Parmi elles, des veuves avec deux ou trois enfants. En Allemagne, il y a sept millions de femmes de plus que d'hommes.

Le *"Trümmerfrauen"*

A Berlino sembrano esserci rimaste solo donne e bambini. Le donne riparano ai danni provocati dagli uomini. Ci sono anche vedove con due o tre bambini. In Germania le donne sono sette milioni in più degli uomini.

Puinruimsters

Er lijken alleen vrouwen en kinderen in Berlijn te zijn, geen mannen. Vrouwen ruimen de verwoestingen van de mannen op. Er zijn weduwen met 2, 3 kinderen bij. In Duitsland zijn 7 miljoen meer vrouwen dan mannen.

Trümmerfrauen

En Berlín solo parece haber mujeres y niños. Las "mujeres de los escombros" reparan lo que los hombres han destruido. Casi todas son viudas, con dos o tres hijos. En Alemania hay siete millones más de mujeres que de hombres.

Keine Männer – erst als die amerikanischen Soldaten kommen. Zum Enttrümmern sind Frauen zwischen 15 und 50 zwangsverpflichtet. Die Trümmerbahn (2) wird mit der Hand beladen. Erste Clubs und Bars entstehen (1).

No men – not until the American soldiers arrive. Women between 15 and 20 are forced to help clear rubble. Rubble is loaded by hand onto carts. The first clubs and bars begin to open (1).

Pas d'hommes – seulement lorsque les soldats américains arrivent. Les femmes entre 15 et 50 ans sont mobilisées pour déblayer les décombres. Les wagonnets sur rail (2) étaient chargés à la main. Les premiers clubs et bars ouvrent leurs portes (1).

Niente uomini Gli unici sono soldati americani. Per portare via le macerie vengono reclutate le donne fra i 15 e i 50 anni. I carrelli per le macerie vengono caricati a mano (2). Riaprono anche i primi locali e bar (1).

Geen mannen – totdat de Amerikaanse soldaten komen. Vrouwen tussen 15 en 50 jaar worden verplicht puin te ruimen. Puinwagons (2) worden met de hand beladen. Er komen de eerste clubs en bars (1).

No hay hombres sino hasta la llegada de los soldados norteamericanos. Mujeres de 15 a 50 años de edad son obligadas a retirar escombros. Llenan a mano el carro del trenecillo de escombros (2). Surgen los primeros clubs y bares (1).

1

2

Panzerwrack, Hermannstraße (Neukölln)

Tank wreck, Hermannstraße (Neukölln)

Épave de char dans la Hermannstraße dans le quartier de Neukölln

Carcassa di un carro armato in Hermannstraße (Neukölln)

Wrak van een tank, Hermannstraße (Neukölln)

Restos de un tanque, Hermannstraße (Neukölln)

TAPETEN

Alltag wiederherstellen Evakuierte kommen vom Land zurück (1). Wo ist die Mutter, kommt sie zurück? In Neukölln kehren Kinder Mehlreste für eine Suppe vom Laster (2). Schulhefte werden mit dem Leiterwagen geholt (3).

Return to normality Evacuees return from the countryside (1). Where is the mother, is she coming back? In Neukölln children collect flour leftover on a truck to make soup (2). School books are collected on a cart (3).

Rétablir le quotidien Les évacués reviennent de la campagne (1). Où est la mère, reviendra-t-elle ? A Neukölln, des enfants balayent des restes de farine sur un camion pour en faire une soupe (2). Les enfants vont chercher les cahiers d'école avec une charrette à ridelles (3).

Ricostruire il quotidiano Evacuati rientrano in città dalle campagne (1). Dov'è mamma? Farà ritorno anche lei? A Neukölln bambini raccolgono resti di farina da un camion, per una minestra (2). Quaderni di scuola vengono trasportati con un carretto (3).

Het dagelijkse leven herstellen Geëvacueerden keren terug uit de provincie (1). Waar is moeder, komt ze terug? In Neukölln vegen kinderen bloem van een laadvloer (2). Schoolschriften ophalen met de handkar (3).

Restablecer la cotidianidad Las personas evacuadas regresan del campo (1). ¿Dónde está mamá? ¿Regresará? Niños en Neukölln recogiendo restos de harina de un camión para hacer sopa (2). En un carro se traen los cuadernos de la escuela (3).

1

2

3

Nachwort

Ich bin fünf Jahre danach geboren, 1950, habe aber diese Bilder seit meiner Kindheit im Kopf, weil ich auf Trümmergrundstücken, in offen stehenden Kellern und auf halben Balkons gespielt habe. Meine Mutter erzählte immer vom Krieg. Mehrere Generationen Deutscher sind vom Krieg geprägt. Vom Ersten Weltkrieg. Vom Zweiten Weltkrieg. Und der Angst im Kalten Krieg vor dem Dritten Weltkrieg.
Der Nationalsozialismus mit seinen Kriechern, Karrieristen und Profiteuren hat unsägliches Leid über die Menschen gebracht. In diesem Buch ist das Leid der Berliner zu sehen, als der Krieg nach Berlin zurückkam, der von hier aus geplant und dirigiert wurde.
Berlin ging unter. So sehr lange ist das nicht her – historisch gesehen. Dass Deutschland dann geteilt würde, dass die Mauer mit Todesstreifen West-Berlin von 1961 bis 1989 umschließen würde, konnte man damals nicht ahnen.
Heute strahlt das Glück über Berlin in einem vereinigten Europa. Dafür, dass es so bleibt, werden wir uns einsetzen.

Wieland Giebel

Afterword

I was born five years later in 1950, but I have had these images in my head since I was a child because I played amongst the rubble, in open cellars and on dilapidated balconies. My mother always talked about the war. Many German generations have been affected by war. By the First World War. By the Second World War. And by the fear of a Third World War during the Cold War.
National Socialism with its sycophants, careerists and profiteers caused the people unspeakable suffering. The suffering the war caused the Berliners when it returned to Berlin, where it was planned and conducted, can be seen in this book. Berlin went under. From a historical point of view, it was not a long time ago. One could have had no idea that Germany was then to be divided by the Wall, or that the death strip would surround West-Berlin from 1961-1989.
Berlin today is a very different place, a happy place and part of a united Europe. We will give our everything to keep it that way.

Wieland Giebel

Postface

Je suis né cinq ans plus tard, en 1950, mais j'ai ces images en tête depuis mon enfance car j'ai joué sur les terrains de décombres, dans les caves aux entrées béantes et sur les restes de balcons. Ma mère parlait toujours de la guerre. Plusieurs générations d'Allemands sont marquées par la guerre. Par la Première Guerre Mondiale. Par la Seconde Guerre Mondiale. Et par la peur de la Guerre froide avant la Troisième Guerre Mondiale.
Le national-socialisme avec ses larbins, ses carriéristes et ses profiteurs a causé des souffrances indescriptibles parmi les hommes. Dans ce livre, la souffrance des Berlinois se voit lorsque la guerre revint à Berlin d'où elle avait été programmée et dirigée.
Berlin était anéantie. Il n'y a pas si longtemps que cela, d'un point de vue historique. A l'époque, on ne pouvait pas deviner que l'Allemagne serait un jour divisée, qu'un mur et son « couloir de la mort » entourerait Berlin-Ouest de 1961 à 1989.
Aujourd'hui, le bonheur rayonne sur Berlin dans une Europe unie. Nous nous engagerons pour qu'il en soit toujours ainsi.

Wieland Giebel

Epilogo

Sono nato cinque anni dopo, nel 1950, ma queste immagini mi sono rimaste nella mente dal tempo della mia infanzia, quando giocavo fra le rovine, fra i resti di cantine scoperchiate e balconi fatiscenti. Mia madre raccontava sempre della guerra. Più di una generazione di tedeschi è stata segnata dalla guerra. Dalla Prima guerra mondiale, dalla Seconda e dalla paura di una terza, durante la Guerra fredda. Il nazismo, sostenuto dai tanti opportunisti e approfittatori, ha ferito profondamente l'umanità. In questo libro si vede il dolore dei berlinesi, quando la guerra ricadde su chi l'aveva cominciata. A Berlino era stata preparata e diretta. Berlino venne distrutta e in fondo non è passato così tanto tempo da allora, quando nessuno ancora poteva immaginare che la Germania sarebbe stata divisa e che un muro avrebbe brutalmente cinto Berlino ovest dal 1961 al 1989. Oggi, finalmente, Berlino vive in pace, in un'Europa riunificata. Ci impegneremo perché così rimanga.

Wieland Giebel

Nawoord

Ik ben 5 jaar later geboren, in 1950, maar deze beelden heb ik sinds mijn jeugd in mijn hoofd, want ik speelde op percelen vol puin, in openstaande kelders, op halve balkons. Mijn moeder vertelde altijd over de oorlog. Opeenvolgende generaties Duitsers zijn gevormd door de oorlog. Door de Eerste Wereldoorlog. De Tweede Wereldoorlog. En de angst in de Koude Oorlog voor de Derde Wereldoorlog.
Het nazisme met zijn kruipers, carrièrejagers en profiteurs heeft oneindig leed over de mensen gebracht. Dit boek maakt het leed van de Berlijners zichtbaar toen de oorlog, vanuit Berlijn gepland en gedirigeerd, terugkwam naar Berlijn.
Berlijn ging onder. Zo lang geleden is dat niet – historisch gezien. Dat Duitsland daarna gedeeld werd, dat de Muur met zijn niemandsland West-Berlijn van 1961 tot 1989 zou omringen, kon nog niemand vermoeden.
Nu straalt het geluk over Berlijn in een verenigd Europa. Wij zullen alles eraan doen om te zorgen dat dat zo blijft.

Wieland Giebel

Epílogo

Yo nací cinco años después, en 1950, pero tengo estas imágenes en la mente desde mi infancia, pues jugué entre los escombros, en sótanos descubiertos y balcones de los que solo quedaba la mitad. Mi madre siempre hablaba de la guerra. Esta marcó a varias generaciones de alemanes. La Primera Guerra Mundial. La Segunda Guerra Mundial. Y el temor a una tercera guerra mundial durante la guerra fría.
El nacionalsocialismo con sus hombres serviles, ávidos de hacer carrera y sacar provecho, trajo a las personas un sufrimiento atroz. En este libro se puede ver cómo sufrieron los berlineses cuando la guerra retornó a la ciudad donde fue planeada y desde donde fue dirigida.
Berlín cayó. No fue hace mucho tiempo –desde el punto de vista histórico–. Entonces no se podía vislumbrar que posteriormente Alemania sería dividida y que el Muro, con su franja de la muerte, rodearía a Berlín Oeste de 1961 a 1989.
Hoy la fortuna brilla sobre Berlín en una Europa unida. Procuraremos que siga siendo así.

Wieland Giebel

Berlin Story Verlag

Leuschnerdamm 7, 10999 Berlin

Armin Fuhrer
HERSCHEL
Das Attentat des Herschel Grynszpan am 7. November 1938
und der Beginn des Holocaust

ISBN 978-3-86368-101-2
368 Seiten, 53 Abbildungen, 12,5 x 20,5 cm, Broschur, **19,80 €**

7. November 1938. Der 17-jährige Jude Herschel Grynszpan schießt in der deutschen Botschaft in Paris auf den Legationssekretär Ernst vom Rath. Als dieser am 9. November 1938 stirbt, nimmt Hitler das als Anlass zur Reichspogromnacht. Die Nationalsozialisten behaupten, hinter der Tat stehe das „internationale Judentum“ und das Dritte Reich müsse sich dagegen wehren. Seitdem ranken sich Mythen und Legenden um den Täter und sein Opfer. Armin Fuhrer hat zahlreiche Dokumente gesichtet, darunter erstmals etliche bislang gesperrte Unterlagen. »Herschel« ist die erste seriöse Untersuchung des Falls. Es gibt neue Antworten auf alte Fragen – und neue Antworten auf neue Fragen. Nicht zuletzt bietet es die tragische Geschichte zweier junger Männer, die zwischen die Fronten der großen Weltpolitik gerieten.

Helmut Altner/Tony Le Tissier (Hg.)
TOTENTANZ BERLIN

ISBN 978-3-95723-043-0
384 Seiten, 12,5 x 20,5 cm, Gebunden, **19,95 €**

„Kämpfe weiter, bis Du die Kugel bekommst. Alles ist in sich zusammengestürzt. Du stehst mit leeren Händen da.“ Der 17-jährige Frontsoldat Helmut Altner schildert als Ich-Erzähler die letzten Tage des Zweiten Weltkriegs in Berlin. Er verabschiedet sich von seiner Mutter, wird erst an der Front im Oderbruch an einem Vormittag an der Waffe ausgebildet, nimmt an den schlimmsten Tagen des Kampfes um Berlin in Seelow und Friedersdorf gegen eine immense sowjetische Übermacht teil. Dann marschiert er zurück nach Spandau, kämpft sich am 29. April 1945 teils über Leichenberge durch U-Bahn-Tunnel ins Regierungsviertel durch. Später wird er in der Nähe von Brandenburg vom Russen gefangengenommen. Ein direkter, authentischer Bericht vom Schlacht-Feld Berlin, der wie kein anderer erklärt, wie es dazu kommen konnte, dass der Krieg der Deutschen bis zur letzten Minute mit solcher Inbrunst geführt wurde.

Berlin Story Verlag

Leuschnerdamm 7, 10999 Berlin

Wieland Giebel (Hg.)

DAS BRAUNE BERLIN

Adolf Hitlers „Kampf um die Reichshauptstadt"
Mit einer Einleitung von Sven Felix Kellerhoff

ISBN 978-3-86368-064-0
368 Seiten, zahlr. Abb., Quellen und Dokumente
12,5 x 20,5 cm, Gebunden, Schutzumschlag, **24,95 €**

Erstmals wird der Kampf der NSDAP um Berlin anhand von authentischem Quellenmaterial umfangreich und bis ins Detail geschildert. Die bisher zu wenig beachtete Geschichte der NSDAP in Berlin von 1916 bis 1936 steht im Mittelpunkt dieser Dokumentation. Durch intensive Recherchen konnten zahlreiche schwer zugängliche oder bisher unzugängliche zeitgenössische Quellen erschlossen werden. Jede Quelle wird historisch-kritisch direkt auf der jeweiligen Seite wissenschaftlich kommentiert und so für jeden Leser heute verständlich gemacht. Fehldeutungen der NS-Quellen sind damit ausgeschlossen. Das Buch ist geeignet für alle, die Originalquellen kennenlernen und verstehen möchten.

Wieland Giebel (Hg.)

GOEBBELS' PROPAGANDA

„Das erwachende Berlin" – Ein Fotobuch des NS-Agitators

ISBN 978-3-86368-071-8
176 Seiten, ca. 600 Abbildungen
17 x 24 cm, Broschur, **19,80 €**

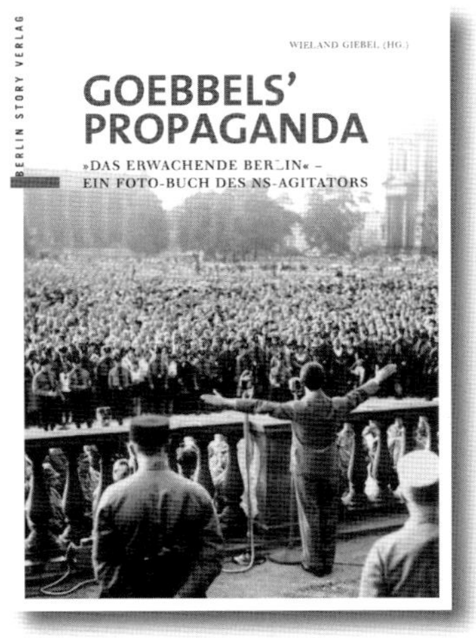

Joseph Goebbels gab 1934 dieses Propagandabuch mit Fotokollagen aus mehr als 600 Bildern heraus – ein wichtiger Teil des ständigen Trommelfeuers nationalsozialistischer Propaganda.
Das Buch zeigt, wie SA und NSDAP den „jüdisch-bolschewistische Sumpf der verlorenen Hauptstadt Berlin trockenlegen", wie mit Terror, Totschlag und Propaganda der Kampf um die Macht geführt wird. Diese wissenschaftlich-kritisch kommentierte Ausgabe ist für jeden geeignet, der verstehen will, mit welch starker Überzeugungskraft die Nationalsozialisten auf einen erheblichen Teil der Bevölkerung einwirken konnten.

WWW.BERLINSTORY-VERLAG.DE

Berlin Story Verlag

Leuschnerdamm 7, 10999 Berlin

Wieland Giebel (Hg.)
BOMBEN AUF BERLIN
Berliner Schicksale im Luftkrieg
Mit einer Einleitung von Sven Felix Kellerhoff

ISBN 978-3-95723-071-3
200 Seiten, 12,5 x 20,5 cm, Broschur, **16,95 €**

Als der Krieg zurück kam nach Berlin, ängstigten sich Kinder und Frauen beim bedrohlichen Brummen anfliegender Bomber, kauerten in Kellern ausgebombter Häuser, halfen Verschütteten, löschten Brände, suchten ihre Familie.
50 Kriegskinder und Jugendliche, Mädchen und Jungen, berichten als Augenzeugen von den Bombennächten der brennenden Stadt. Mit sämtlichen Luftalarmen, einem Überblick zur Schlacht um Berlin, Berichten über die Opfer und die Zerstörungen an das Oberkommando der Wehrmacht.

Wieland Giebel
HITLERS TERROR IN BERLIN
Das braune Berlin in Bildern

ISBN 978-3-86368-065-7
64 Seiten, zahlreiche Abbildungen
17 x 24 cm, Broschur, **9,80 €**

Der Weg zur Übernahme der Macht durch die Nationalsozialisten am 30. Januar 1933 führte über Berlin – die Reichshauptstadt stand im Brennpunkt ihrer Aufmerksamkeit. Dieses Buch beleuchtet das skrupellose Vorgehen der NSDAP in Berlin. Dazu gehören Selbstdarstellungen der Hitler-Bewegung ebenso wie Fotos der Gegner und der Alliierten. Die Dokumentation zeigt mit welch brutalen und auch raffinierten Mitteln die Nationalsozialisten auf Menschenfang gingen. Das »Braune Berlin in Bildern« schildert, wie die Nazis die Macht eroberten, wie sie die Bevölkerung indoktrinierten und wie der Krieg vorbereitet wurde.

Deutsch · English · Español · Français · Italiano

WWW.BERLINSTORY-VERLAG.DE